D1104133

9(2)

# Ping LA SUITE

Infographie : Marie-Josée Lalonde

Catalogage avant publication de Bibliothèque et
Archives nationales du Québec et Bibliothèque et
Archives Canada

Gold, Stuart Avery

Ping : une grenouille en route vers l'océan : une fable sur
le dépassement de soi et l'atteinte de ses objectifs

Traduction de: The way of Ping.

ISBN 978-2-7619-2613-3

1. Changement (Psychologie). 2. Adaptation
(Psychologie). 3. Dépassement (Psychologie). I. Titre.

BF637.C4G64214 2009      155.2'4      C2009-940114-2

Pour en savoir davantage sur nos publica-
tions,
visitez notre site : **www.edhomme.com**
Autres sites à visiter: www.edjour.com
www.edtypo.com • www.edvlb.com
www.edhexagone.com • www.edutilis.com

02-09

2009, Stuart Avery Gold

© 2009, Les Éditions de l'Homme,
une division du Groupe Sogides inc.,
filiale du Groupe Livre Quebecor Média inc.
(Montréal, Québec)

L'ouvrage original a été publié
par Newmarket Press,
sous le titre *Ping: Journey to the Great Ocean*

Dépôt légal : 2009
Bibliothèque et Archives nationales du Québec

ISBN 978-2-7619-2613-3

DISTRIBUTEURS EXCLUSIFS :

• Pour le Canada et les États-Unis :
  **MESSAGERIES ADP***
  2315, rue de la Province
  Longueuil, Québec J4G 1G4
  Tél. : 450 640-1237
  Télécopieur : 450 674-6237
  *une division du Groupe Sogides inc.,
   filiale du Groupe Livre Quebecor Média inc.

• Pour la France et les autres pays :
  **INTERFORUM editis**
  Immeuble Paryseine, 3, Allée de la Seine
  94854 Ivry CEDEX
  Tél. : 33 (0) 4 49 59 11 56/91
  Télécopieur : 33 (0) 1 49 59 11 33
  **Service commandes France Métropolitaine**
  Tél. : 33 (0) 2 38 32 71 00
  Télécopieur : 33 (0) 2 38 32 71 28
  Internet : www.interforum.fr
  **Service commandes Export – DOM-TOM**
  Télécopieur : 33 (0) 2 38 32 78 86
  Internet : www.interforum.fr
  Courriel : cdes-export@interforum.fr

• Pour la Suisse :
  **INTERFORUM editis SUISSE**
  Case postale 69 – CH 1701 Fribourg – Suisse
  Tél. : 41 (0) 26 460 80 60
  Télécopieur : 41 (0) 26 460 80 68
  Internet : www.interforumsuisse.ch
  Courriel : office@interforumsuisse.ch
  **Distributeur : OLF S.A.**
  ZI. 3, Corminboeuf
  Case postale 1061 – CH 1701 Fribourg – Suisse
  **Commandes :**   Tél. : 41 (0) 26 467 53 33
                    Télécopieur : 41 (0) 26 467 54 66
                    Internet : www.olf.ch
                    Courriel : information@olf.ch

• Pour la Belgique et le Luxembourg :
  **INTERFORUM editis BENELUX S.A.**
  Boulevard de l'Europe 117,
  B-1301 Wavre – Belgique
  Tél. : 32 (0) 10 42 03 20
  Télécopieur : 32 (0) 10 41 20 24
  Internet : www.interforum.be
  Courriel : info@interforum.be

Gouvernement du Québec – Programme de crédit
d'impôt pour l'édition de livres – Gestion SODEC –
www.sodec.gouv.qc.ca

L'Éditeur bénéficie du soutien de la Société de développement des entreprises culturelles du Québec pour
son programme d'édition.

Le Conseil des Arts du Canada
The Canada Council for the Arts

Nous remercions le Conseil des Arts du Canada de
l'aide accordée à notre programme de publication.

Nous reconnaissons l'aide financière du gouvernement
du Canada par l'entremise du Programme d'aide au
développement de l'industrie de l'édition (PADIÉ) pour
nos activités d'édition.

Stuart Avery Gold

# Ping

LA SUITE

*Traduit de l'américain par Carl Angers*

LES ÉDITIONS DE
L'HOMME

*À Molly*

# Une note de l'auteur
## à propos de l'écriture
## de la suite de *Ping*

Doucement et sûrement, *Ping : une grenouille à la recherche d'un nouvel étang* est devenu un phéno- mène international, traduit et publié partout dans le monde, qui nous permet de boucler la boucle et de nous revoir, et j'en suis reconnaissant. Si vous lisez ceci, vous avez sans doute pris ce petit livre à cœur et je vous salue. Si vous n'avez pas lu le livre, vous avez probablement eu des échos de son exis- tence et c'est pour cette raison que nous sommes en relation. D'une façon ou d'une autre, d'après ce que j'ai lu et entendu, les principes et les leçons tis- sés dans la trame de *Ping* sont devenus une pierre de touche pour bien des gens et je vous en remercie. Des dirigeants d'entreprise donnent des exemplai- res à leurs employés, des enseignants le citent à leurs élèves et des lecteurs partout dans le monde utilisent cette sagesse issue d'une grenouille pour les aider à naviguer dans les eaux tumultueuses du défi et du changement.

Le message selon lequel vivre la meilleure vie, la vie de vos désirs les plus profonds, est un but atteignable en adoptant une vie de choix et d'action est une vérité criante pour tous ceux qui sont assez calmes pour l'entendre. Plus clairement encore, les gens sont devenus amoureux de Ping. Et ils ne sont pas les seuls, car c'est aussi mon cas. Alors Ping revient pour raconter son voyage, nous comblant un peu plus avec ce qui importe vraiment, alors que nous sommes entourés par la vie qui se façonne de merveilleuse manière. Et puisque, sur cette terre, les auteurs adorent être en bonne compagnie lorsqu'ils suivent le fil d'une bonne histoire, je vous salue...

Avec toute ma reconnaissance,

*Pour l'esprit éclairé,*
*le paradis du lotus est partout.*
*Pour ceux toujours à la recherche de leur vérité,*
*il se trouve dans la tranquillité de l'océan.*

# La grande visite

Il était une fois...

La plupart des habitants de l'étang se présentèrent vingt-quatre heures à l'avance. Ceux qui venaient des confins les plus éloignés de l'étang arrivèrent quelque quarante heures avant cela, ce qui n'avait d'importance que si vous vouliez vous emparer d'une bonne place. Même les tortues savaient que pour avoir une place rapprochée ou à l'ombre, il fallait faire très vite ou vous aviez de sérieux ennuis. Les tortues croyaient fermement aux bonnes places et, autant que faire se peut, elles se dépêchaient.

Les créatures avec le plus de chance étaient celles qui arrivaient assez tôt pour prendre place sur la roche plate, parmi les campanules bleu vif, les fleurs de sureau et les gardénias parfumés, car tous convenaient qu'elles avaient véritablement une vue superbe. Et survolant la scène, Libellule veillait.

Les tâches autour de l'étang étaient merveilleuses et nombreuses, mais en ce jour, virevoltant et dansant autour de la voûte céleste avec de délicates ailes de gaze, Libellule avait une tâche qui faisait l'envie de tous. Avec son point de vue on ne peut plus avantageux, Libellule fut désigné responsable du contrôle des rumeurs.

Alors que la foule s'amassait, les rumeurs concernant l'arrivée de Ping allaient bon train, alors Libellule avait la tâche essentielle de répandre la vérité. Il était midi tapant lorsque Libellule annonça que la plongée de Ping était imminente, puis il débarrassa les airs pour ouvrir la voie à ce qu'on ne pouvait décrire autrement que par un excellent bond en longueur en ligne extraordinairement droite, suivi d'un ploush ! ô combien colossal et spectaculaire.

Ceux qui ignoraient les sauts splendides de Ping pensaient « Ça alors ! » et le dirent ouvertement. Ceux dont la mémoire était remplie d'histoires racontées n'avaient que ceci à dire : disent-elles la vérité ? Les sauts de Ping étaient bien plus qu'un émerveillement à contempler — c'était la preuve que la légende de Ping la grenouille était pure.

Les aventures de Ping étaient devenues une fable, sa métamorphose interne un mythe. Son voyage de métamorphose avait valu à Ping une telle notoriété qu'il n'était pas du tout étonnant qu'une foule nombreuse se soit amassée pour le spectacle de son apparition. Peu importe le programme du reste de la journée à l'étang ce jour-là, il n'y avait pas de doute que le moment appartenait au visiteur honoré dont les spectaculaires bonds montés sur ressorts avaient tant fait parler.

Avec doigté, Ping se hissa sur un nénuphar, acquiesçant aux hourras et aux bravos, aux ondes successives et interminables de « Ping, Ping, Ping » si douces à ses oreilles. La foule se tut seulement en s'écartant pour laisser passer son très vieux maître, le noble Crapaud l'Ancien.

Tout le monde ignorait depuis combien de temps Crapaud l'Ancien avait occupé le poste de souverain. Cela n'avait fait l'objet d'une conversation qu'une seule fois, de mémoire récente, à la fête annuelle des bestioles, quand Tortue, qui avait alors 106 ans, remarqua que Crapaud avait régné sur l'étang depuis aussi longtemps qu'il pouvait se rappeler.

*Un monde plus vaste se trouvait
en effet en dehors de leur étang.*

Cela était suffisant pour les autres. Les habitants de l'étang adoraient la tradition.

Chaque fois que Crapaud l'Ancien interrompait sa sieste pour sortir d'un pas vacillant, l'air bougon, il était accueilli royalement et avec révérence, car il représentait l'origine des origines, le porteur de tout ce qui était sage et merveilleux.

Crapaud venait de l'étang mais sa voix venait des nuages. Celle-ci était faible et fluette, et même les lapins au bord de l'eau devaient pencher leurs longues oreilles pour saisir chacun de ses mots. Alors chaque fois que Crapaud l'Ancien se mettait en tête de parler, les habitants de l'étang l'écoutaient attentivement. Tout ce que Crapaud l'Ancien énonçait était cru sur parole par les habitants de l'étang.

Crapaud fit un douloureux bruit de raclement, leva ses bras faiblissants et avec un grand geste déclara: « Aujourd'hui est un jour de salutation pour celui qui bondit sur de longues distances. »

Un mugissement tonitruant d'acclamations.

« Bienvenue chez nous, la magnificence de tout ce qui existe. Le plus splendide plan d'eau jamais imaginé par une créature vivante. D'ici jusque là-bas, et de là-bas jusqu'ici, rien ne peut surpasser notre étang. »

C'était une déclaration que Crapaud avait déjà faite, et souvent.

« Alors dites-moi, Grenouille, comment se fait-il que vous vous soyez consacré à sauter comme vous le faites ?

- Toujours pour mettre davantage le ciel au défi », rayonna Ping impulsivement.

Crapaud jeta un coup d'œil impérieux sur ses sujets et observa les hochements de tête et les sourires des grenouilles plus jeunes. Plus précisément, il remarqua les chuchotements de Daikon et Hodo, deux des jeunes grenouilles les plus malcommodes jamais pondues.

Même en tant que têtards, Daikon et Hodo n'avaient pas été faciles. Leur penchant pour s'aventurer beaucoup trop loin du refuge de la végétation dans les bas-fonds de l'étang était sans cesse accueilli avec désapprobation par les grenouilles adultes. Lorsque arriva le jour de leur métamorphose en grenouilles à part entière, elles découvrirent que leur affection l'une pour l'autre grandissait de même. Daikon était certain d'une chose : Hodo portait les couleurs du monde sur sa peau parfaite et luisante. Et cela lui suffisait.

Dans toute la longue histoire de l'étang, il n'y avait pas eu deux créatures aussi ravies de passer du temps ensemble à bavarder tout l'après-midi, leurs journées toujours bien remplies, se plaisant en la compagnie l'une de l'autre, questionnant la certitude de leur environnement et réfléchissant à la nature même de leur existence quotidienne. Leur esprit curieux et leur comportement rebelle étaient devenus un irritant pour Crapaud, et aujourd'hui ils n'échappaient pas à la règle.

Crapaud renâcla sa désapprobation en voyant l'allégresse impudente de Daikon et Hodo. Il n'y avait rien à comprendre aux jeunes de nos jours. Il détourna son regard en ajustant ses robes royales. «Alors, d'où venez-vous pour nous rendre visite ? demanda-t-il à Ping.

– Du Grand Océan. »

Un silence abasourdi s'empara de tout un chacun.

Un regard perplexe assombrit les vieux yeux de Crapaud. «Hmmm... je n'ai jamais entendu parler d'un tel endroit, répondit-il. Mais ne vous laissez

Ce qui est rêvé avec grandeur
est entrepris avec noblesse.

pas éblouir par notre si merveilleux étang. De combien de fois votre océan est-il plus petit ?

- Comme pour toutes choses, Votre Majesté,
l'océan ne doit pas être jugé par sa taille mais par
son ouverture, répondit simplement Ping.

- Absurde. » Crapaud désigne les environs fière-
ment et ostensiblement. « Combien de vos océans
faudrait-il pour remplir notre étang ?

- Sauf votre respect, je suis ravi de vous dire que
l'océan est une chose vaste.

- Que voulez-vous dire exactement ? Voulez-vous
dire que l'océan n'est pas du tout comparable ? »

Ping acquiesça : « Il est vrai qu'il n'y a aucune
comparaison ».

« C'est ce que je pensais, répondit Crapaud en
cherchant l'approbation de ses sujets. Mais toujours, combien petit est l'océan ?

- L'océan n'est pas petit ; il est grand.

- Grand ? Grand comment ? Est-il aussi grand
que la moitié de notre étang ?

Ping fit non de la tête : « Non. Plus grand ».

La foule se mit à s'agiter.

Le rassemblement de jeunes grenouilles clignait
d'étonnement. Crapaud commença à réfléchir à

l'absurdité de l'affirmation. « Est-il aussi grand que notre étang ? » Sa voix devenait plus forte.

— Encore plus grand. Je vous le garantis, répondit Ping. Toutes les rivières s'y jettent et pourtant il ne déborde jamais. Il est sans cesse en train de se drainer et pourtant il ne se vide jamais. Les saisons du printemps et de l'hiver n'y changent rien. Les inondations et les sécheresses n'y changent rien non plus. Il est infiniment supérieur à tout ruisseau et tout étang. Pardonnez-moi, Votre Majesté. Je ne voudrais pas vous déplaire, mais votre étang ne ferait même pas le poids d'une goutte d'eau dans le Grand Océan. »

La foule eut le souffle coupé et chercha Crapaud l'Ancien des yeux.

Crapaud l'Ancien fixa Ping avec un regard défiant et tonna : « Quelle est cette créature qui nous rend visite avec de tels mensonges ? » Plus jeune, Crapaud avait été cassant et il l'était encore. « Ce sont des hérésies !

— Je dis la vérité, répliqua Ping.

— Je vous jure sur-le-champ qu'il n'y a rien de plus grand, rien de plus passionnant et rien de plus satisfaisant que notre étang ! »

Ping cligna des yeux, puis cligna de nouveau. Ses yeux remarquables regardèrent Crapaud comme s'il avait le pouvoir de le transpercer du regard, et il avait effectivement ce pouvoir. D'une voix parfaitement calme, il invita Crapaud, et tous ceux susceptibles d'avoir le courage et la curiosité d'entreprendre un voyage de découverte, de le suivre et de voir pour eux-mêmes à quel point le Grand Océan était splendide et vrai, qu'un monde plus grand existait effectivement en dehors de leur étang.

Personne n'osait jamais disconvenir en présence de Crapaud. Sa tête ancienne commença à rougir, ses yeux prirent feu. Furieux, Crapaud vociféra : « QUELLE INSOLENCE ! VOUS M'INVITEZ VOIR L'OCÉAN POUR M'ENSEIGNER, COMME SI JE N'AVAIS PAS DE CONNAISSANCES NI DE SAGESSE ? Il N'Y A RIEN DU NOM DE L'OCÉAN. IL N'Y A RIEN AU-DELÀ DE L'AU-DELÀ... » Crapaud l'Ancien continua sa tirade sans s'arrêter pour respirer, sa voix s'amplifiant et retentissant en proportion avec sa rage. Bien que ses paroles frappèrent Ping de plein fouet, il est à noter que les boules de tourbe en firent autant. Les habitants plus âgés de l'étang avaient commencé à balancer des boules de tourbe sur Ping, façonnant à la hâte des poignées de boue et de tourbe qui écla-boussèrent et cinglèrent Ping de-ci de-là, en accord avec la rage mugissante de Crapaud, qui fulminait et hurlait à Ping de quitter leur étang pour de bon. Certaines des balles de tourbe firent mouche avec une force et une précision remarquable.

La fureur...

Ou, plus précisément, la furie. Et pourquoi Ping ne s'échappa-t-il pas en un bond était non seulement une bonne question, c'était clairement la seule question. Ping tint bon, cligna et grimaça, puis cligna encore, encaissant les sarcasmes et les ricanements et les coups cinglants des boules de tourbe, sachant que la manière de réagir aux autres est toujours plus importante que leur manière de réagir à soi.

Enfin, cherchant les plus jeunes visages des plus petits habitants de l'étang, Ping dit : « Ce qui est rêvé avec grandeur est entrepris avec noblesse... Le voyage commence avec vous. » Puis, Ping bondit en un saut aussi droit et aussi réussi que tout saut jamais exécuté par lui, disparaissant de leur vue, loin dans les contrées célestes...

Les créatures plus âgées, satisfaites, s'écriè-rent : Oui ! Deux des créatures plus jeunes s'emballèrent de façon exubérante et très bravement s'écrièrent Oui ! elles aussi. Personne à l'étang ne le sut sur le coup, mais ce moment allait devenir historique.

# 2

# Vieux sentier, sentier nouveau

Ils convinrent de se rencontrer à minuit, sous les dix mille étoiles, dans le fourré de roseaux. « Se rencontrer » était sans doute un verbe inexact. « Se cacher » aurait été plus juste, étant donné que les rencontres secrètes allaient à l'encontre des derniers décrets de Crapaud l'Ancien. Depuis la visite de Ping, le vieux Crapaud avait gardé un œil très suspicieux sur les jeunes grenouilles. La plupart, bien entendu, obéissaient aux ordres. Six petites grenouilles, entraînées par Daikon et Hodo, n'en firent rien.

« Nous devons prendre soin d'étouffer nos voix en marchant », prévint Daikon en s'assurant que sa propre voix ne portait pas dans la nuit. « Rappelez-vous comment les sons retentissent sur l'eau. »

*Vous devez accomplir ce en quoi vous croyez.*

Tremblant de peur, les six petits sauteurs se regardèrent l'un l'autre. Personne ne dit rien pendant un moment; toutes leurs peurs atroces portaient justement sur le fait de quitter le havre de sécurité et de familiarité de l'étang pour se diriger vers l'inconnu. C'était Kiku, le plus arrogant du groupe, qui exprima alors leurs pensées.

« Il fait bon, vraiment très bon de vivre ici, n'est-ce pas ? dit-il à Daikon en pensant à leur étang, à leur monde. Et si c'était ça le bonheur ? »

Pendant un moment, il y eut un silence. Daikon hocha la tête avec un déchirant sentiment de compréhension. Il avait toujours su que quand viendrait le temps, ses grenouilles camarades auraient peut-être la frousse de quitter le confort de leur étang pour une autre réalité. Il ne pouvait leur donner tort. Tout de même, le fait de se priver d'une nouvelle possibilité n'était-il pas triste ?

Daikon fit une longue pause, puis commença à parler. « Nous sommes tous les créateurs de nos propres rêves, et nous prenons nos propres décisions. Vous devez accomplir ce en quoi vous croyez », dit-il.

Kiku ne pouvait stopper les larmes qui lui montèrent subitement aux yeux, malgré son sourire.

« Tu seras tué là-bas. Tu le sais.

– Peut-être.

– S'il te plaît, n'y va pas. »

Rien ne pouvait lui faire changer d'idée. Constatant cela, Kiku tendit la main à Daikon, pour lui offrir un collier façonné à partir d'une racine de vigne avec pour pendentif un caillou tiré de l'étang. « Pour te souvenir de nous », dit Kiku.

Daikon enfila le collier, regarda le pendentif, puis fixa le groupe ; c'était à son tour d'être émotif. « Je ne vous oublierai pas, aucun d'entre vous, dit-il. Je vous le promets. »

Hodo fit un petit signe de la tête et eut beaucoup de difficulté à respirer. Pas une nuit n'avait passé sans que le rêve de quitter la grenouillère ne scintille derrières ses paupières fatiguées, et à présent le moment était arrivé.

Il y eut des pleurs.

À présent les petites grenouilles restèrent silencieuses, toutes les six.

Elles firent leur possible, sourirent avec courage mais aussi avec tristesse à Daikon et à Hodo. Ces derniers firent de même pour les rassurer. La soirée était on ne peut plus agréable, la brise accueillante et chaleureuse.

Daikon et Hodo regardèrent les étoiles scintillantes, puis leurs congénères grenouillettes clignèrent des yeux en signe d'accord et embrassèrent chacune.

Sur ce, ils firent un bond vers la noirceur attrayante, plus que jamais résolus dans leurs propres croyances.

# 3

# Le Corridor d'arbres inutiles

Le Corridor d'arbres inutiles était, bien entendu, parfaitement mal nommé. Quant à savoir pourquoi, tous l'ignoraient, bien que la quantité incroyable d'arbres crochus et tortueux qui jetaient de l'ombre sur le sol y fût sans doute pour quelque chose.

Ceux qui empruntaient le corridor constataient que les vieux arbres étaient trop crochus, tortueux et noueux pour être d'une utilité quelconque à un menuisier ou un sculpteur sur bois ; les troncs et les branches étaient si remplis de nœuds qu'on les croyait d'aucune utilité.

Donc, pendant des générations, le Corridor d'arbres inutiles reposait en paix, ses arbres jamais abattus, comme si les majestueux arbres géants savaient que leur inutilité était précisément ce qui rendait l'endroit idéal et joyeux pour les oiseaux et les animaux qui s'y installaient paisiblement.

Attiré par la solitude à l'ombre des rameaux, Ping s'installait à cet endroit précis en un silence étudié pour embrasser la poésie des formes projetées par les ombres des arbres. Fidèle à sa discipline vieille de plusieurs années, Ping passait de nombreuses heures chaque jour à entraîner son esprit, apprenant son fonctionnement, pénétrant l'essence de sa véritable nature, s'ouvrant à de nouvelles intuitions, perspectives et possibilités.

Humant la brise qui embaumait les fleurs de cerisier des montagnes lointaines, Ping contemplait joyeusement le paysage intérieur d'un esprit bien tourné. Il était installé là, plongé dans un état de concentration soutenue quand, enfin, Daikon et Hodo l'aperçurent au loin, à peine visible.

Les sauteurs remplis d'espoir plissèrent des yeux pour ne pas se tromper. Leurs yeux ne leur avaient pas menti. Heureux et transis d'admiration, ils s'avancèrent doucement en bondissant, aussi près que la bienséance le leur permettait.

« Chut… il dort », chuchota Hodo.

Daikon, aux aguets, s'approcha un peu plus, assez proche pour examiner encore un moment le visage paisible de Ping. Ce qu'il observa lui fit un drôle d'effet. « Il a l'air de dormir mais je ne pense pas que ce serait le cas. »

Les deux jeunes grenouilles le fixèrent.

Ping, assombri par l'ombre, ouvrit à peine les yeux, puis les referma.

Hodo et Daikon s'échangèrent des regards perplexes.

« Je fais de la méditation », annonça-t-il tout à coup, alarmant les grenouillettes et leur faisant perdre pied.

Hodo et Daikon rétablirent leur équilibre et regardèrent Ping un peu bizarrement. Ils échangèrent des hochements de tête. À l'unisson, ils bredouillèrent rapidement : « Je vois... je vois. »

C'était tout ce qu'ils répondaient toujours. « Je vois... je vois. » Le soleil s'éclipsait, la lune apparaissait. « Je vois. Je vois. » La lune s'éclipsait, le soleil apparaissait. « Je vois... je vois. »

Ce n'était évidemment pas le cas avec Ping, mais chaque fois que de jeunes grenouilles avaient l'esprit embrouillé par quelque chose qui dépassait leur pensée, c'est-à-dire la plupart du temps, elles répondaient d'instinct : « Je vois. » Ce sont des mots prononcés haut et fort, des mots prononcés souvent.

*Pourquoi sommes-nous toujours davantage
portés à croire ce qui vient de l'extérieur que ce
qui vient de l'intérieur ?*

Chez les grenouilles, cette habitude commence à un jeune âge. Elles commencent leur existence comme têtards, vivent leur première jeunesse à la nage, puis se réveillent un jour sans queue, avec des bras et des jambes en plus, ne comprenant pas ce qui leur est arrivé. Même si l'explication leur échappe complètement, elles répondent immédia-tement : « Je vois. » Elles répètent cette phrase sans cesse dans un effort désespéré de se convaincre que c'est effectivement le cas.

Depuis les premiers temps, les grenouilles confondent la compréhension et la prise de conscience, ensuite la prise de conscience et la libération. Même de nos jours, dans les tourbières, les marais, les étangs et les lacs du monde entier, la tradition se perpétue, même si « Je vois... je vois » passe à tort pour un bruit de croassement. C'est ainsi que règne l'incertitude dans l'esprit d'une jeune grenouille. Une incertitude que Ping, jadis jeune grenouillette lui-même, comprenait bien.

Ping respira profondément pour se détendre, puis, encore une fois, examina les jeunes grenouilles devant lui. La brume du marais se levait alors qu'il commençait son explication : « La méditation est la tranquillité à l'intérieur de chacun de nous, là où la vérité du cœur englobe l'esprit. C'est une tranquillité qui harmonise le corps et l'esprit à reconnaître les possibilités infinies qui existent pour chacun de nous. Le renforcement du corps s'effectue en l'amenant à bouger. Le renforcement de l'esprit s'effectue en l'amenant à se reposer. Par la méditation, vous découvrez que même si c'est le cerveau qui fait bouger le corps, c'est l'esprit qui fait bouger le monde. »

Haussement d'épaules. « Je vois... je vois. » Hodo et Daikon n'en avaient aucune idée.

« C'est clair », enchaîna Ping en supprimant à peine son sourire.

Puis, Ping ouvrit les yeux et fit quelques bonds en toute quiétude. Il avait un petit creux et fouilla le sol à la recherche de quelque tortillon à manger.

Hodo était très nerveuse en présence de Ping. Elle regarda l'épais couvert de branches tordues. « C'est ici parmi les arbres inutiles que vous passez votre temps ? » bredouilla-t-elle.

- Toujours ce drame à propos de l'inutile et de l'utile », dit Ping en apercevant une petite rampeuse à avaler. Le menuisier considère ces arbres comme inutiles mais les mêmes arbres n'inspirent-ils pas au peintre des coups de pinceau empreints de beauté ? Chaque chose a son utilité essentielle. Chacun d'entre nous a une raison d'être. Peut-être est-ce votre questionnement à propos de votre propre but qui vous amène à quitter l'étang ? »

Les deux petites grenouilles se regardèrent. Toute leur vie, on leur avait enseigné qu'aucune sagesse au-delà de celle de Crapaud l'Ancien n'existait en ce monde, et pourtant la grande intelligence de Ping se révélait maintenant dans toute sa force.

Daikon arrivait à peine à articuler ses mots : « Il y a un bon moment que nous nous rongeons d'impatience. Nos espoirs et nos rêves grandissaient en même temps que nous. Nous croyions que notre monde ennuyeux ne pouvait être le seul monde. Que pour nous, il y avait quelque chose de plus grand à vivre. Nous avons patienté tout ce temps avec l'espoir qu'un jour nous découvririons quelque chose de plus.

– Croire que quelque chose doit être est une chose ; mais faire ce qu'il faut pour le vivre en est une autre, répondit Ping.

– Ta visite nous a donné des ailes, dit Hodo. Il est devenu subitement clair à Daikon et à moi que tout ce qui avait à voir avec l'étang était sans fonde-ment — il n'y avait plus rien qui nous y retenait. C'est pourquoi nous nous sommes mis à ta recherche.

- Sottises que tout ça, répondit alors Ping. Quelqu'un qui est à ce point rempli par son existence voyage pour se trouver soi-même. Pour que la branche se déplace, elle doit sentir le vent. C'est la fraîcheur du vent qui fait en sorte que vos doutes tombent comme des feuilles d'automne et qui vous exhorte à suivre votre bonheur. »

Hodo commença à s'enthousiasmer. Elle donna un coup de coude à Daikon. « Dis-lui », dit-elle alors.

« C'est notre unique rêve d'aller au Grand Océan et de trouver le bonheur, déclara Daikon. Dites-nous s'il vous plaît que vous nous montrerez la voie.

- Pourquoi sommes-nous toujours davantage por-tés à croire ce qui vient de l'extérieur que ce qui vient de l'intérieur ? demanda Ping. Il n'y a pas de voie jusqu'au bonheur ; le bonheur est la Voie. » Il médita un moment, puis ramassa une branche et traça le mot « Voie » sur le sol, regarda derrière lui, puis se tut.

Daikon et Hodo, confus, regardèrent ce qui était écrit, cherchant la signification.

Une fois de plus, Ping écrivit le mot « Voie » sur le sol.

Daikon et Hodo s'approchèrent d'un bond.

Hodo se renfrogna. « Qu'est-ce que la Voie ? demanda-t-elle.

- La Voie est votre vie quotidienne, répondit Ping. C'est éveiller l'esprit pour porter un regard sur votre véritable nature. C'est lâcher prise aux attitudes et attentes des autres de manière à suivre le cours de votre propre destinée, coulant de la source de toute possibilité. C'est une vie qui, beau temps mauvais temps, éclaire vos journées de joie. Une vie dans laquelle vous faites ce que vous aimez et aimez ce que vous faites en étant ce que vous êtes et non ce que les autres ont décrété. La Voie ne nous demande pas d'être ce que nous ne sommes pas, mais d'être plus pleinement ce que nous sommes.

« En vous concentrant sur vos aspirations et espoirs les plus profonds, vous découvrirez non seulement le point de départ de votre vie, mais sa source, sa raison innée, la vie que vous devez accomplir. Chaque être vivant a sa place dans l'ordre naturel des choses, avec une destinée à accomplir.

Laissez toute chose prendre son cours naturel et la Voie se manifestera. »

Ping avança d'un pas et dit : « Tout ce que le poisson doit faire, c'est de se perdre dans l'eau. Tout ce que la grenouille doit faire, c'est de se perdre dans la Voie — se laisser couler dans le sens de ses instincts et de ses désirs au lieu de nager à contre-courant, car le courant sait où il va.

« Mais soyez avisés qu'au sein de la Voie, il y a toujours deux chemins, le chemin de ce qui est et celui de ce qui peut être. Par les choix que vous faites et les actions que vous accomplissez, vous pouvez suivre le chemin ou non. C'est à vous de choisir. »

Ping fut envahi par des souvenirs. En se rappelant ses propres leçons, il sentait que ce qu'il allait dire ensuite aurait rempli son vieux maître et mentor d'admiration. « Pour sauter sur les occasions illimitées de la vie, vous devez agir en coulant avec la vie. »

Hodo et Daikon ignoraient tout cela, mais de l'entendre dire ainsi les rendit plus heureux que jamais. Une telle sagesse dans la vérité, des conseils si vrais. Avec des horizons qui allaient s'élargissant et leurs visages illuminés d'espoir, ils regardèrent le coucher de soleil dans toute sa splendeur, des traînées de rougeurs pourpres et écarlates inondant le ciel du soir. Avec ses doigts très délibérément croisés, Hodo demanda : « Est-il trop tard pour commencer ? »

Il y eut une longue pause. Puis Ping dit ces mots merveilleux : « Il n'est jamais trop tard pour être ce que vous pouvez devenir. »

Le coucher de soleil vira au jaune doré.

# 4

# L'œil éveillé ne rencontre aucun obstacle

Pendant les deux jours suivants, Ping mena Hodo et Daikon à travers des méandres de rochers et de bassins. Certaines roches du chemin de montagne devinrent de plus en plus difficiles à grimper pour les petites grenouilles.

« Je n'avais aucune idée que notre voyage serait si long et si difficile », dit Hodo en haletant, tentant tant bien que mal de suivre le pas. Elle était rompue de fatigue et commençait à penser qu'elle n'aurait pas la force de persévérer. « À quelle distance se trouve le Grand Océan ? demanda-t-elle.

– Ta meilleure vie se trouve toujours droit devant toi », répondit Ping.

Hodo regarda plus avant, tentant de fixer ses yeux sur les environs. « Peut-être que les rochers nous cachent la vue, dit-elle à Daikon en essayant d'y voir plus clair. Mais je te le dis tout de suite, ce sont de loin les plus grosses roches que j'ai jamais vues. »

Daikon le reconnut. « Il n'y a pas de doute : franchir de tels gratte-ciel est sans doute un obstacle insurmontable.

– Le seul obstacle réel sur votre chemin vers le possible sera toujours vous-mêmes, dit Ping. Trop souvent, nous ne voyons pas les choses telles qu'elles sont.

Ping s'arrêta pour permettre à ses jeunes disciples de se reposer dans l'ombre prolongée d'un grand rocher dressé sur le chemin. « Passez peu ou pas de temps à vous attarder à ce que vous ne pouvez faire et pensez uniquement à ce que vous pouvez et devez faire, dit Ping. Un rocher se trouve peut-être en travers de votre chemin, mais jamais la Voie. Aucune adversité, aucune difficulté, aucun doute ne peuvent avoir une emprise sur vous à moins que vous y consentiez.

« Les deux règles les plus importantes quand il s'agit de la Voie sont de commencer et de poursuivre. La Voie n'a rien à faire de ce que nous ne possédons pas, ne voulons pas ou ne pouvons pas faire.

Elle ne soutient que l'avoir, le vouloir et le pouvoir. Vous devez toujours vous efforcer de trouver votre propre positionnement. Peu importe les problèmes, les défis auxquels vous faites face, sachez que vous avez la capacité de les maîtriser et de les surmonter.

« Une grenouille sautillante n'est pas la seule créature à vivre des hauts et des bas dans la vie. Le découragement et les revers sont le lot de tous les voyageurs. Pour vivre la vie que vous méritez, vous devez croire que ce que vous recelez à l'intérieur de vous peut surmonter tout obstacle et toute circonstance venant de l'extérieur. Croyez et vous réussirez.

– Je vois… je vois », dirent Daikon et Hodo.

– Je ne sais pas pourquoi mais j'ai des doutes », s'amusa Ping.

Puis, faisant appel à toutes les forces dont ils étaient capables, Daikon et Hodo commencèrent à sauter dans les airs, bondissant aussi haut et aussi fort qu'ils le pouvaient, dans une tentative de passer par-dessus le rocher monstre et d'atteindre l'autre côté.

Sans succès.

Ping regarda la scène en hochant la tête. Le rocher était effectivement si massif que même lui, la plus grande merveille bondissante du monde, n'avait aucun espoir de le franchir.

Sachant cela et plus encore, Ping toisa le rocher. Puis il se mit à l'ouvrage, sautant d'un pas expert sur l'étage de l'amas de roches qui longeait le flanc du rocher, bondissant toujours plus haut. Il avait déjà atteint le plateau du rocher quand Daikon et Hodo s'effondrèrent sur le sol, épuisés et pantelants après de tels efforts.

« Je vous attends », dit Ping qui était tout en haut.

Hodo et Daikon, ahuris, regardèrent vers les hauteurs. Ils avaient sauté jusqu'à ne plus avoir de poumons ni de jambes. Comment Ping pouvait-il être là-haut ? D'une manière inexpliquée et miraculeuse, Ping n'avait pas été embêté par le mur de pierre.

« Nous pensions que la seule façon de venir à bout du rocher était de le surmonter, marmonna Daikon avec le peu de souffle qu'il lui restait.

- Louable détermination, je dois l'avouer, dit Ping. Mais là où vous avez vu un rocher qui faisait obstacle, moi j'ai vu un marchepied. Le chemin de la réalité est celui qui est le plus souvent occulté. Sachez que tout problème qui existe en dehors de nous comporte sa solution à l'intérieur de nous. Travaillez en harmonie avec les circonstances de la vie. Soyez à l'affût de votre capacité à changer de cap et à aller de l'avant. Pour changer votre vie, vous devez être prêts à changer votre esprit. Des solutions de rechange peuvent être escamotées par un refus d'écouter ou un refus de voir. Accueillez les défis par le changement ; voyez-les avec un nouveau regard. Lorsque vous changez votre façon de voir les choses, les choses que vous regardez changent. »

Daikon savait qu'il s'agissait d'une leçon de vie. Il savait aussi que Hodo était trop faible et lasse pour continuer. Hodo était une excellente sauteuse, au sommet de sa forme, mais les tentatives de venir à bout du rocher l'avaient laissée terriblement terreuse, vidée de toutes les couleurs du monde.

« Continuez sans moi... », bredouilla Hodo en haletant et en fléchissant, les yeux mi-clos.

Quel moment terrible ! Daikon voyait l'impuissance dans son visage et ne savait que faire. Affligé, il regarda sa chère Hodo qui faiblissait, la splendeur

*La montée vers la réussite s'accomplit*
*en rehaussant les autres.*

de sa pigmentation habituellement parfaite lais-
sant à désirer. Daikon jeta un coup d'œil à Ping :
« Comment puis-je aider Hodo ?

    – En t'aidant toi-même, enseigna Ping.

    – Comment puis-je m'aider moi-même ?

    – En aidant autrui, dit Ping. »

« En contribuant à changer les circonstances
d'une autre vie, la tienne changera aussi, expliqua
Ping. La montée vers la réussite s'accomplit en
rehaussant les autres. Une part importante du
voyage se résume à choisir les bons compagnons. Le
fait d'être un compagnon compatissant, la
conscience qu'on peut compter sur un ami et qu'il
peut compter aussi sur nous pour traverser les
épreuves et les mésaventures sont des dons pré-
cieux de notre existence. Ton positionnement par
rapport à une telle authenticité est l'un des dilem-
mes moraux les plus personnels de l'existence. »

Daikon signifia son accord, puis se tourna vers
Hodo et effleura sa joue avec sa patte. Quand elle le
regarda, il lui fit son plus beau sourire et affirma en
hochant la tête que tout allait bien aller. « Saute
sur mon dos, ordonna-t-il. Nous l'escaladerons
ensemble. »

Et c'est ce qu'ils firent.

Lentement, avec un effort considérable. Ce n'était pas une tâche des plus faciles ; Hodo s'agrippa au cou de Daikon, et celui-ci puisa dans toutes ses réserves pour escalader vaillamment le rocher, tâtonnant avec prudence pour trouver une crevasse pour ses pattes avant, puis une autre pour ses pattes arrière, et ainsi de suite.

C'est ainsi que Daikon grimpa la pente escarpée du rocher, puis se fraya un chemin de l'autre côté en manœuvrant précautionneusement jusqu'en bas. De nouveau, il fit face à Ping qui était assis dans une clairière à la limite de la bambouseraie en attendant patiemment de continuer son enseignement.

# 5

# Leçons de bambou

La lumière du croissant de lune émaillait les ramures bruissantes du bosquet verdoyant.

«Silence…», chuchota Ping en portant un doigt à ses lèvres.

Hodo et Daikon se turent immédiatement.

«Qu'est-ce qui se passe? se demanda Daikon.

– Écoutez, dit Ping avec grande précaution.

«Écoutez les leçons inspirantes du bambou. Éveillez-vous à la voix forte et claire de ce bois qui ballotte et danse dans la brise de la vie. Tirez le maximum de sa signification. Soyez attentif au silence entre les claquements de bambou, car il parle le langage d'une sagesse divine à ceux qui se taisent suffisamment pour l'écouter.»

Perplexes, Hodo et Daikon écoutèrent très attentivement pendant un moment.

Rien.

« Comment faites-vous pour entendre ces choses ? demanda Hodo.

– Comment se fait-il que vous ne les entendiez pas ? répliqua Ping.

Hodo chercha le regard de Daikon ; ils n'avaient aucune idée de quoi parlait Ping. « Nous ne comprenons pas, dit Daikon. Peut-être pourrais-tu nous aider à démêler tout ça.

– Trop d'efforts sont perdus à essayer de démêler les choses alors que le secret pour surmonter les obstacles et les défis est de fléchir. Apprenez à suivre la voie du bambou. Le bambou vit en harmonie avec la nature en demeurant flexible aux conditions externes. Même si l'arbre le plus fort peut être déraciné et terrassé par une tempête, le bambou perdure dans des conditions difficiles en fléchissant et en cédant aux vents dominants.

« Vous aussi devez demeurer flexibles et attentifs aux circonstances imprévisibles qui surviennent. Apprenez à écouter d'une nouvelle manière. En demeurant flexibles, vous permettez aux choses de vous parler et de vous dire ce qu'il faut faire.

« Comme vous l'avez constaté, il y a toujours une quantité plus que suffisante d'obstacles en travers de votre chemin. La vie y verra. Le nuage de la déception, du rejet, de la frustration et de l'échec plane au-dessus de vous chaque fois que vous vous mettez en route. Ne comptez pas sur un éclaircissement. Soyez comme le bambou qui est fort, résiliant et incassable. En imitant la résilience du bambou, vous arriverez à soutenir les revers cuisants, les revirements injustes et les défaites retentissantes.

« Le succès et le bonheur vous appartiendront si vous adaptez votre comportement et usez de flexibilité pour composer avec les nombreux inconnus et changements qui surviennent. La grenouille sage crée davantage d'occasions qu'elle n'en trouve. »

Hodo et Daikon approuvèrent. « Vous avez notre parole que nous allons prendre ces enseignements à cœur, dit Daikon.

– Votre engagement envers moi n'est rien. Votre engagement envers vous-mêmes doit l'emporter sur tout, répondit Ping. Tout ce qu'il vous faut pour réussir ou échouer est contenu dans le moi. »

Ping étudia leurs visages. « Personne ne pourra exaucer vos rêves ; il vous incombe de faire ce que vous voulez faire et de devenir ce que vous voulez devenir. Les obstacles sont là pour vous entraver.

Les distractions sont là pour vous attirer. La peur est là pour vous garder là où vous êtes. Ces choses ne deviendront visibles que lorsque vous détournerez vos yeux du chemin. Pour vivre votre rêve, ne vous préoccupez pas de ce qu'il y a à faire — faites simplement ce qu'il faut faire. Ce sont les décisions et non les conditions qui détermineront votre destinée. Voyagez avec comme seule pensée dans votre cœur de faire et d'être.

– Cela n'a pas été facile, dit Daikon. Même si nous étions témoins des mêmes choses que les autres, nous réfléchissions à des choses auxquelles personne d'autre ne réfléchissait. Peu importait jusqu'où nous croyions pouvoir sauter, il y avait ceux qui disaient que nous ne pouvions pas le faire.

– Si vous croyez en vous-mêmes, avez-vous besoin de la croyance des autres ? » demanda Ping.

« Ne tolérez pas ceux qui voudraient vous dénigrer. Prenez vos distances de ceux qui tentent de vous éloigner de votre chemin et d'écraser votre caractère. Qui se ressemble s'assemble et les créatures de confiance se retrouvent. Elles s'appuient et s'encouragent l'une l'autre. Liez-vous à ces âmes sœurs qui ont foi en vous et en ce que vous désirez accomplir. Inspirez-vous de leur passion pour le possible, la croissance personnelle et la volonté. La volonté transforme la réalité.

– Je vois… je vois.

– Vous pouvez et vous devez, exhorta Ping. « Le chemin vers l'accomplissement n'est pas monotone et sans embûches. C'est plutôt un voyage semé de doutes et de difficultés qui vous amènera dans des lieux et à des époques où vous serez obligés de faire face au grand inconnu. La brave grenouille saute au-delà de ce qui est pour s'aventurer dans le monde enivrant de ce qui pourrait être.

– Je vois… je vois, répétèrent Daikon et Hodo.

– Nous verrons, dit Ping. Nous verrons… »

Des semaines passèrent.

Des mois passèrent.

C'était l'époque d'avant les calendriers, bien sûr, mais Ping savait en observant le lever et le coucher du soleil chaque jour, et le cycle lunaire chaque mois, que la moitié d'une année s'était écoulée à l'entrée de la forêt de bambou.

Pendant ces six mois, Ping enseigna à Daikon et Hodo comment grimper et descendre les hautes tiges

*Si vous croyez en vous-même, avez-vous besoin de la croyance d'autrui ?*

de bambou. Chaque jour ils grimpèrent une tige plus haute que celle qu'ils avaient grimpée la veille ; Ping expliquait que le voyage à venir nécessitait de renforcer le corps et de maîtriser l'esprit. « Pour réussir une ascension, vous devez grimper avec votre esprit et non avec vos pattes. Pour réussir une ascension, vous devez vous concentrer. Pour réussir une ascension, vous devez comprendre que grimper n'est que le soutien apporté à l'effort approprié et attentionné. Pour réussir une ascension, vous devez grimper avec aisance. Vous devez toujours vous efforcer d'atteindre de nouveaux niveaux de compétence, de force et de compréhension, dit Ping simplement. La nature donne à chaque oiseau son ver de terre mais ne le jette pas dans le nid. Un rêve est quelque chose que vous devez poursuivre. Maintenant, grimpez. »

Ils grimpèrent.

Encore et encore.

À chaque levée du jour, pendant six mois, Daikon et Hodo escaladèrent un massif de bambou toujours plus haut, accélérant le pas et raffinant leur technique ; et alors qu'ils croyaient impossible de trouver un bambou plus haut à grimper sur cette Terre, Ping les mena au bambou le plus haut à l'entrée de la bambouseraie, un fourré dense de troncs imposants d'une hauteur de trente mètres.

En levant les yeux, Hodo et Daikon ne pouvaient discerner l'extrémité des colonnes vertigineuses. Ils ignoraient si Ping les avait amenés ici pour témoigner de leur hauteur effarante ; ils savaient par contre que si son dessein était de les mettre au défi, il y avait un urgent besoin d'en discuter.

Hodo ravala sa salive en levant ses yeux vers le ciel. Escalader un bambou était une tâche suffisamment ardue, mais un bambou aussi haut que celui-ci était impossible à escalader et elle le fit savoir.

Daikon n'était pas sûr.

« Rien n'est impossible pour un esprit bien disposé », décréta Ping. Ainsi qu'on tourne la tête par-ci et par-là, vous pouvez tourner votre esprit dans le sens que vous voulez. Comme en toute chose, ce n'est pas ce que vous êtes qui vous retient, c'est ce que vous croyez ne pas être qui vous maintient immobile.

« Les mois d'entraînement ont fait de vous d'excellents grimpeurs, mais c'est votre esprit qui a besoin d'un perfectionnement supplémentaire.

Fusionnez le corps et l'esprit pour réaliser vos buts et vos aspirations. Encore une fois, nous pouvons nous en tenir aux leçons de bambou. »

Il y eut une pause.

Daikon et Hodo attendirent la leçon.

Ping s'assit en silence et attendit que Daikon et Hodo fassent ce qu'ils devaient tenter de faire...

Non... Ping s'assit en silence et attendit que Daikon et Hodo fassent ce qu'ils *devaient faire*, c'est-à-dire grimper jusqu'au sommet du bambou de trente mètres.

C'était inconcevable, bien sûr. Pour Hodo et Daikon, aucun mot n'existait pour qualifier leur crainte d'avoir à grimper jusqu'à de telles altitudes.

Ping se tourna vers ses compagnons grenouilles. «L'énergie qui permet au bambou de pousser à de telles hauteurs est la même énergie qui nous permet de croître, dit-il. Elle est à l'intérieur de nous et autour de nous. Nous n'en sommes pas séparés ; nous y participons. Canaliser notre énergie, c'est canaliser notre destinée. » Ping montra les tiges de trente mètres du doigt. «Commencez votre ascension.

– Et si nous n'arrivons pas jusqu'en haut ? demanda Hodo.

– La démarche de grimper est ce qui importe »,
répondit Ping. Trop souvent, nous nous découra-
geons en regardant trop loin devant en pensant
nous être engagé de façon trop importante et en
croyant l'ascension trop haute, ce qui nous empê-
che de nous mettre en route. Essayez de ne pas
regarder plus loin ni de vous engager à rien de plus
qu'à faire le prochain pas. Le prochain pas est celui
qui change tout. Lorsque nous avons fait le pas
suivant, nous pouvons regarder et nous engager à
en prendre un autre. Bientôt, nous aurons parcouru
quinze mètres. Bientôt, nous aurons grimpé trente
mètres. Bientôt, nous aurons mené la tâche à
bien. »

Hodo regarda la haute tige devant elle et son
doute était si grand. Elle resta là, la tête complètement renversée, fixant les hauteurs dans l'obscurité, avant de dire : « J'ai grimpé suffisamment de
tiges de bambou maintenant pour savoir que celle-
ci représente une escalade difficile – un but trop
élevé.

– Plus le but est élevé, plus l'escalade sera difficile, dit Ping. Qu'il soit trop élevé ou non, vous seuls
pouvez en décider. »

– Daikon et Hodo hochèrent la tête. « Quel bonheur de vous avoir pour modèle, dit Hodo.

– Ne confiez pas votre esprit à un modèle, enseigna Ping. De tels parleurs sont des invités de l'extérieur de la barrière. Recherchez plutôt l'authenticité d'un but modèle, un personnage authentique qui a percé la barrière du mystère pour atteindre le merveilleux. »

Puis, se rappelant une de ses propres leçons, Ping dit ces mots : « L'attitude donne de l'altitude. » Il aurait pu ajouter quelque chose, mais il sauta plutôt sur une tige du bambou de trente mètres et, droit comme une flèche, commença à grimper avec une incroyable habileté, l'escaladant rapidement et prestement jusqu'au sommet.

La tête tournée vers le haut, Daikon et Hodo regardaient Ping avec étonnement. Puis ils se mirent en marche, commençant leur propre escalade du bambou de trente mètres.

Un pas après l'autre, ils s'étirèrent plus haut, s'agrippèrent, puis s'étirèrent et s'agrippèrent à nouveau. Daikon et Hodo voulaient faire leurs preuves à Ping qui, du sommet, observait leur progrès. Daikon et Hodo poursuivirent leur escalade lentement et sûrement vers le sommet, avec pour seul compagnon fidèle la très réelle possibilité de chuter.

Vers le haut, toujours plus haut.

Et, bien sûr, ce que Ping avait dit n'était que trop vrai. L'ascension devint de plus en plus difficile à mesure que Daikon et Hodo montaient ; la rosée du soir rendait le bambou glissant, les vents chauds pinçaient leurs corps, leurs pattes étaient tenaillées par des crampes... et à quelle hauteur étaient-ils parvenus à présent ? Daikon ne savait trop. Mais il ne chercha pas longtemps, car il perdit prise et dégringola quelques mètres avant de se reprendre et de stopper sa chute. S'agrippant solidement, il jeta un regard par-dessus son épaule vers le sol, puis vers Hodo. Elle tenait bon sauf pour son cœur qui s'affolait dans sa poitrine.

« Jolie nuit pour une escalade », avança Daikon lorsqu'il put enfin reprendre son souffle. Hodo était encore loin d'en convenir ; elle trouva toutefois un certain réconfort à l'idée que peu importe le défi représenté par l'escalade, seule une chute mortelle pourrait empirer la situation. Daikon et Hodo rassemblèrent leur courage à nouveau, puis continuèrent vaillamment leur escalade.

Et ils continuèrent encore...

La montée était certes lente mais elle progressait. À présent, le bambou ballottait encore plus qu'il ne l'avait jamais fait auparavant. Mais Daikon et Hodo ne portèrent pas attention à son mouvement. Ils ne portaient pas plus attention aux douleurs qui assaillaient leurs membres, ne s'accordant aucun répit. La distance qui les séparait du sommet du bambou de trente mètres commençait à s'amoindrir ; leur concentration était tendue au maximum, leurs inquiétudes et leurs craintes battaient en retraite et leur confiance s'amplifiait avec chaque nouvelle poussée vers le haut.

Encore dix mètres.

Neuf, à présent.

Ils étaient visiblement contents lorsque, hors de danger enfin, ils atteignirent la pleine hauteur vertigineuse du bambou de trente mètres. S'agrippant au sommet de la tige ballottée par le vent, reprenant leur souffle, ils regardèrent plus bas en savourant leur exploit.

Du haut de son perchoir, Ping les laissa savourer leur moment d'exultation.

Mais pas pour longtemps.

« Continuer à grimper, ordonna Ping.

- Hein ? » Confus, Daikon regarda Hodo pour vérifier s'il avait bien entendu. « Comment allons-nous faire pour continuer à grimper à partir du sommet ? demanda-t-il à Ping.

- Tout ce que vous voulez avoir, faire ou être est à votre portée si vous avancez un pas de plus en refusant de vous accrocher. »

Daikon et Hodo, confus, agrippèrent plus fermement le bout de ce qui restait de la tige de bambou.

Ping fit de son mieux pour expliquer. « Les choses que nous accomplissons n'ont aucune permanence ; elles ne sont que des points culminants et nous ne devons pas en rester là. Nous devons toujours aller au-delà », dit Ping. Lorsque nous abandonnons toute signification, seul ce qui est véritablement important devient signifiant. En lâchant prise sur les choses telles qu'elles sont, nous pouvons éprouver les choses telles qu'elles pourraient être. Les actions sans attaches sont des actions qui font signe vers l'avenir. Pour accueillir l'abondance naturelle de la Voie, nous devons apprendre à nous départir des attaches qui nous empêchent de la vivre. Empruntez le chemin qui n'a pas de fin. Consacrez-vous à toujours faire un pas de plus. »

Daikon était perplexe et le fit savoir. « Comment allons-nous grimper puisqu'il n'y a rien sur quoi s'agripper ?

— Rien d'autre que vos mains vides, répondit Ping sans tarder.

— Que voulez-vous dire par "mains vides" ?

— Nous venons au monde les mains vides. Dans notre vie quotidienne, cette leçon simple et originale se perd. Trop souvent nos mains sont pleines, remplies de tâches, de problèmes, de possessions et de décisions et il nous semble impossible de laisser tomber. Lorsque les événements ne se passent pas comme prévu — ou lorsque ceux-ci se passent comme prévu —, nous commençons à nous accrocher et à tenir bon. Nous devons apprendre à cesser de nous accrocher. Quand nos mains se vident, nos esprits se vident aussi. C'est alors seulement que nos mains et nos esprits s'ouvrent aux possibilités nouvelles qui sont toujours présentes pour nous. »

C'était évidemment inconcevable. Daikon et Hodo étaient de toute évidence effrayés. Toute la notion de

S'accrocher ne fera que vous retenir.

lâcher prise était impensable. Après tout, le fond était vers le bas, et il fallait certes en tenir compte dans le cas d'une descente de trente mètres et rien d'autre que le sol dur pour amortir la chute.

Hodo essaya de sourire et demanda à Ping s'il leur permettait de réfléchir à ce qu'il leur avait demandé de faire.

Il ne voulut rien savoir.

« Comme la beauté d'une fleur, faites en sorte que le pas de plus devienne une activité ordinaire. Profitez de l'énergie qui alimente la danse de la vie. Le fait de s'accrocher ne fera que vous retenir. Dansez d'un pas vif ! Encore une fois, pour être, vous devez faire. »

Et en disant cela, Ping sourit à Daikon et Hodo, lâcha prise, puis tomba loin dans la nuit, disparaissant plus bas parmi les feuilles émeraude des tiges de bambou.

*Fioush...*

Hodo et Daikon regardèrent plus bas, puis se regardèrent l'un l'autre. Peut-être qu'avec beaucoup, beaucoup de chance...

Inspirant profondément pour se donner du courage, Daikon ferma les yeux pendant un moment contemplatif, vida son esprit, puis, la tête relevée, fit un geste de bravoure.

Il lâcha prise.

Hodo le suivit.

*Fioush… Fioush…*

Ensemble, ils franchirent un espace où trop peu de gens sont suffisamment résolus à se rendre : les possibilités illimitées du monde de tous les jours.

Sans offrir de résistance à la vie, Daikon et Hodo s'ouvrirent à la grâce et à l'aisance ineffable de l'existence, l'air accueillant les transportant bien au-delà de toute frontière qu'ils auraient pu rencontrer en sautant. Ils s'envolèrent de plus en plus loin de l'emprise de leur pensée étroite vers leur propre potentiel illimité. Pour Daikon et Hodo, c'était une expérience aussi resplendissante que l'avait été la décision de l'entreprendre.

Pour Ping, c'était le plus beau cadeau qu'il aurait pu leur faire : le pouvoir de les transporter au-delà de leurs propres frontières, la capacité innée de transcender le règne de la réalité ordinaire pour survoler le paysage de leur propre moi à son meilleur.

Quelques secondes s'écoulèrent avant qu'ils ne se retrouvent de nouveau, tous les trois, entourés des longues ombres nocturnes des imposantes tiges. Pour Daikon et Hodo, la vérité du moment dépassait leur entendement de grenouille.

« C'est difficile à croire, dit Hodo.

– Être, c'est croire, affirma Ping. Plus le doute est grand, plus l'éveil est important. Sachez maintenant que tout doute prend son origine dans l'esprit. Si l'esprit est véritablement transformé, le doute peut-il subsister ?

– Vous voulez dire qu'il ne faut pas se laisser guider par l'incertitude ? demanda Hodo.

– L'incertitude est toujours là. Si nous cessons de nous accrocher à l'illusion de la certitude et faisons confiance à l'incertitude, l'incertitude nous mènera. Nous devons apprendre à prendre des risques, à embrasser les incertitudes de nos vies individuelles, de notre monde, et ne pas laisser les incertitudes nous ébranler, nous paralyser, nous persuader, nous remplir de doutes sur nos propres capacités.

– Je vois… je vois, répétèrent Daikon et Hodo.

– Je ne peux que l'espérer, dit Ping. Car pour atteindre le Grand Océan, nous devons maintenant entreprendre un voyage incertain à travers le mythe cauchemardesque de la bambouseraie.

– Qu'est-ce qui nous y attend ? demanda Hodo avec une méfiance inquiète.

– Seul ce que vous emporterez avec vous », répondit Ping. Puis sans hésitation aucune, il se dirigea vers les ténèbres remplies de mauvais présages de la bambouseraie. Daikon et Hodo le suivaient de très près.

# 6

# Le Marécage ondulant

Obscurité totale.

Alors qu'ils s'avançaient plus loin dans la bambouseraie, la nuit devant eux s'obscurcit davantage que la nuit du ciel, et Daikon et Hodo n'arrivaient pas à comprendre pourquoi. Peu importe la raison, la lune n'était pas de la partie et n'éclairait pas le chemin. Ils firent de leur mieux pour discerner quelque chose dans l'obscurité sinistre, s'en tenant à de petits sauts aveugles pour ne pas baisser la garde. Il n'y avait pas de doute qu'une inquiétante menace planait dans l'air. Hodo tremblotait et sentait la panique commencer à s'emparer d'elle ; parlant à peine plus fort que les battements de son cœur, elle chuchota : « Soit il fait très noir ici, soit je suis très effrayée.

– Les deux, sans doute, chuchota Daikon, faisant de son mieux pour garder confiance.

- L'espace entre les bambous est la vérité - tout le reste n'est que ténèbres, dit Ping.

« Le premier ennemi de la grenouille est la peur. La peur, cet ennemi terrible, s'ajoute à l'obscurité, dissimulant l'émerveillement et la lumière qui éclairent le chemin véritable vers votre but et votre réussite. La peur se cache à tous les tournants, à l'abri des regards, et a raison des grenouilles plus que toute autre chose. Et si en sa présence la grenouille panique et se sauve en sautant, c'est la peur elle-même qui met fin à ses buts et à ses rêves. »

Ping se tourna vers Daikon et Hodo. « La peur peut nous faire fuir ou nous libérer. Elle peut nous vaincre ou être vaincue. Une fois que vous êtes gagnés par la peur, il ne semble pas y avoir d'issue, jusqu'au jour où vous découvrez qu'elle a été créée par votre propre pensée et qu'elle n'existe pas en dehors de celle-ci. Pour vous épanouir, connaissez vos peurs. Pour vous épanouir véritablement, débarrassez-vous de vos peurs.

« Soyez courageux dans la vie et dans la poursuite de ce que vous souhaitez et désirez devenir. Vous devez agir pour maîtriser les circonstances de la vie ou risquer d'être maîtrisés par celles-ci.

« Peu importe ce que recèle l'obscurité, n'ayez jamais peur de la Voie, n'ayez peur que de vous en éloigner. Car la Voie est le chemin de la force. Si vous croyez en sa force, vous recevrez la force. Abandonnez la Voie et tout ce qu'elle peut offrir vous abandonnera. Ayez toujours le courage de continuer le voyage même si vous êtes morts de peur. »

– Quelle merveilleuse leçon, dit Daikon en tentant de jeter l'éclairage le plus favorable sur la situation. Je m'en souviendrai à l'avenir.

– Vous seriez avisés de vous en souvenir dès maintenant, conseilla Ping en surveillant les alentours. « Plus que vous pouvez imaginer. Seul un réservoir de courage absolu et inconditionné pourra vous aider à traverser ce qui nous attend : la terreur du marécage où les morts ne laissent pas de traces. »

« Je ne pense rien de bon de cet endroit, avoua Daikon.

– Pour affronter le Marécage ondulant, vous devez vous armer de courage, dit Ping avec une voix qui se voulait la plus calme possible. Plus que le clair de lune et l'ombre, c'est l'absence d'une volonté et d'une motivation qui entravera votre chemin.

*Ne perdez jamais de vue ce que vous désirez*
*ni l'endroit où vous souhaitez être.*

Ne perdez jamais de vue ce que vous désirez ni l'endroit où vous souhaitez être. Accrochez-vous à votre idéalisme, sauvegardez vos rêves. »

Ping continua à monter le chemin. Au loin, un éclair furtif puis un violent clapotement dans les bas-fonds les surprirent.

Pour sa part, Hodo sentit une panique qui vrombissait. Malgré sa peur, elle essaya très fort de faire exactement ce qu'on lui demandait. Suivant les paroles de Ping, elle fit appel à son courage mais fut distraite par ce qui s'approcha d'elle tout à coup à grande vitesse, une étrangeté. Bizarre. Elle ouvrit toutes grandes ses narines. Elle n'avait jamais humé une telle odeur. « C'est étrange. » Daikon renifla l'air sombre lui aussi, la puanteur de quelque chose d'infect devenant de plus en plus insistante. « Oh la la ! Qu'est-ce que cette odeur ? demanda Daikon.

- Oh la la ! Qu'est-ce que cette odeur ? » répéta Hodo.

Maintenant guidé par son nez, Ping savait que quelque chose de très mauvais était dans l'air, l'odeur écœurante imprégnait les sens. Ses yeux lorgnaient à droite et à gauche avec une précaution extrême. « Une haleine de serpent, avertit-il.

– Une haleine de serpent ? demanda Daikon, l'estomac noué.

– Tous des siffleurs et des cracheurs, dit Ping en accélérant le pas. Ne les laissez pas vous arrêter ni même vous ralentir. »

Daikon et Hodo n'avaient jamais entendu ces mots auparavant. « Tous des siffleurs et des cracheurs ? répéta Daikon en avançant.

– Des empoisonneurs à pression, répliqua Ping aussitôt. Ils tenteront de vous éloigner du chemin de votre but — vos désirs, objectifs et rêves individuels.

« Prenez garde aux tueurs de rêves qui rôdent par-ci, aux broyeurs d'imagination qui rôdent par-là, aux étrangleurs de désirs entre les deux, qui peuvent barrer la route à votre vocation finale. Ne laissez pas la pression du doute et du découragement déterminer votre destinée. Il n'y a pas plus silencieux pour tuer une destinée. Concentrez-vous sur ce que vous voulez pour vous-mêmes. Fiez-vous à votre réalité propre pour faire face aux conflits et à la confusion des autres. La persévérance vient à bout de la résistance. La seule façon de les atteindre est de les transpercer. Soyez braves. »

C'est tout ce que dit Ping, car à ce moment précis il avait besoin de ses deux oreilles pour écouter dans l'obscurité, percevant tout à coup des bruits de respiration. Scrutant la noirceur sans fond, il sentit un mouvement s'approcher de lui et c'était tout ce qu'il avait besoin de savoir en ce moment.

« Il y a quelque chose ici. Il y a quelque chose ici », dit Hodo en se retournant pour regarder derrière elle.

– Dans votre vision, il ne doit y avoir que la vision ; dans votre ouïe, que l'ouïe ; dans votre savoir, que le savoir. Laissez-vous guider par ce que vous sentez. La clarté est plus qu'un simple point devant vos yeux. C'est un véritable pouvoir. »

Hodo regarda autour d'elle pendant un long moment et ce moment lui suffit. Effrayée, elle virevolta d'instinct vers Ping pour se rassurer, mais elle fit plutôt face à une réalité des plus effrayantes. Ping n'était pas là. Daikon n'était pas là, non plus.

Hodo était seule.

Tout à coup. Totalement. Pour la première fois, elle était seule.

Sauf pour les sons de respiration qu'elle distinguait clairement et qui étaient en train de l'encercler.

Hodo ouvrit grands les yeux en réalisant cela et elle appela Daikon en criant dans la nuit, puis appela Ping. Rien. Seuls des sons de mouvements ondulants régnaient dans l'obscurité. Daikon et Ping étaient partis.

Hodo figea.

Prise d'une panique terrifiante, elle savait ce qu'elle voulait faire le plus : s'élancer en un bond pour fuir et retrouver la sûreté et la sécurité de son passé. C'est ce qui arrive lorsqu'on est confronté à un nouveau monde, un monde qui nous défie avec le spectre de l'agonie, la peur, l'incertitude et le doute. Les pensées de Hodo se tournèrent alors vers Daikon, son cher et dévoué Daikon qui avait embelli chaque jour de son existence ; ce qu'elle ressentit alors n'avait pas encore de mot pour l'exprimer, mais ô que son cœur commençait à se désagréger.

Anéantie, elle se rappela le temps qu'ils passèrent ensemble, leurs espoirs, leurs aspirations, leurs rêves, en même temps qu'elle prenait pleinement conscience des bruits ondulants qui se refermaient autour d'elle. Résignée à accepter le sort qui était maintenant inévitable et prise d'un violent tremblement, Hodo ferma les yeux, espérant trouver un

réconfort dans ses doux souvenirs. Elle trouva plutôt les leçons rassurantes de Ping.

« Ne perdez jamais de vue ce que vous désirez ni
l'endroit où vous voulez être. » La voix éthérée de
Ping voltigeait derrière les paupières de Hodo.

« Pour vivre la vie que vous méritez, vous devez
croire que ce que vous recelez à l'intérieur de vous
peut surmonter tout obstacle et toute circonstance
venant de l'extérieur. » Les mots de Ping remontè-
rent de l'au-delà pour s'imposer à son souvenir.

« Il y a toujours deux chemins, le chemin de ce
qui est et celui de ce qui peut être. Par les choix que
vous faites et les actions que vous accomplissez,
vous pouvez suivre le chemin ou y renoncer. C'est à
vous de choisir. Croyez et vous accomplirez. »

Hodo ouvrit les yeux, s'abandonnant aux enseignements chéris. Les encouragements de Ping la
traversèrent avec une puissance plus grande qu'elle
ne pouvait l'imaginer, amenant son esprit à fusionner avec celui de Ping et l'esprit de Ping à fusionner
avec le sien. Un accord intime du cœur et de l'esprit
souleva son être tout entier. Hodo connut soudain
l'éveil de sa volonté et de son esprit ; elle se rappela l'importance de la passion et du but afin de

vivre une vie divine. Guidée par sa confiance en les enseignements de Ping et en elle-même, Hodo fit le bond le plus puissant et le plus vertigineux vers l'avant de toute sa vie et s'élança dans les sombres hauteurs.

Hodo ignorait tout des choses ondulantes mais elle eut cette pensée : les choses ondulantes ne peuvent pas sauter. C'est pourquoi le premier resserrement de l'anneau autour de sa taille la prit de court.

Le deuxième anneau s'enroula autour de ses épaules et suivit le premier de si près qu'il fit partie de la même terrible surprise.

Soudain parfaitement consciente de la réalité, Hodo réalisa que non, ce n'était pas une chose ondulante qui l'avait attrapée dans les airs. Dans un ciel tout à coup tapissé d'étoiles, Hodo vit que c'était Ping et Daikon qui avaient fermement enroulé leurs pattes accueillantes autour d'elle, l'entraînant vivement vers la sécurité sublime du ciel éclairé par la lune jaune...

Et au-delà.

## 7

# L'aube à la montagne

Émerveillement.

Daikon et Hodo n'avaient jamais vu une aube comme celle-là. Ils observaient la scène depuis la solitude grandiose du plus haut sommet de tout le pays, et le point de vue majestueux confondait leur compréhension. Plus heureux qu'ils ne l'avaient jamais été, ils firent de leur mieux pour contenir leur enthousiasme.

«Attendez-le», dit Ping en souriant.

Puis, il y eut le commencement.

Lentement, au début, d'intenses couches flamboyantes de couleurs liquéfiées se répandirent doucement vers le zénith du haut ciel. Fascinés et émerveillés, les trois regardaient la scène spectaculaire avec leurs yeux de grenouille bien ouverts. Le lever du soleil commença par une mince teinte orangée, puis éclaira le ciel en répandant de splendides ondulations radieuses de cramoisi, de pourpre et de bleu, par couches successives infinies, alors que le demi-orbe lumineux devint rapidement plein, sa puissance flamboyante s'emparant du ciel, révélant le panorama d'une mer brillante et scintillante.

Daikon et Hodo étaient abasourdis et frappés d'émerveillement devant l'incroyable vision. Rien dans leur expérience n'aurait pu les préparer à la possibilité d'une telle réalité. Les mots leur manquaient pour décrire les sentiments qu'ils recelaient en leur for intérieur.

Ping pointa doucement vers la mer. « Et le Grand Océan accordera un nouvel espoir à chaque grenouille. »

Profondément bouleversé, Daikon fixa intensément la scène grandiose. Voyant l'eau s'étendre à l'infini, ses yeux se remplirent de larmes de joie. Depuis quand l'eau est-elle ici ? » bredouilla-t-il à la fin.

« Elle était là bien avant les premiers temps, et pourtant on ne peut dire qu'elle est ancienne, répondit Ping. Comme toi, elle a son propre temps. »

Médusée, Hodo parcourut l'éblouissant nouveau monde, le regard inondé de larmes. « Dans mes rêves, je savais qu'en cherchant quelque chose de plus grand, je le trouverais. »

« Peu importe ce que nous cherchons en nous mettant en route, c'est toujours nous-même que nous rencontrons au Grand Océan, dit Ping. Sentez comme les vagues pulsent avec 'es .nêmes rythmes d'extase que vos aspirations, car le Grand Océan est un espace au-delà du lieu, qui existe au sein de nous tous, vaste, profond et prêt à nous transporter là où nous le souhaitons.

« Sachez pour toujours que pour vous les possibilités sont aussi infinies que le Grand Océan est grand ; tel est le pouvoir d'une finalité née de l'inspiration, la force vive nécessaire pour créer la réalité extraordinaire que vous souhaitez vivre dans le monde. »

Hodo et Daikon regardèrent le ciel matinal frais et sans tache, éprouvant la joie de vivre d'une nouvelle manière. « Je me sens renaître, dit Hodo doucement avec un regard d'étonnement. Tout est tellement brillant. Étonnamment, même le soleil me paraît différent. »

« Le plus grand voyage est celui en lequel vous croyez, dit Ping. « Peut-être votre voyage vous a-t-il

*Le plus grand voyage est celui
en lequel vous croyez.*

enseigné que le soleil ne brille pas sur nous mais en nous. »

Daikon acquiesça : « C'est vrai, nous avons tant appris en si peu de temps. »

– Le voyage véritable ne s'écoule pas dans le temps, il ne mesure que la croissance. L'effort pour y arriver nous mène déjà à destination. Sur le chemin le moins fréquenté, nous pouvons aller vers la lumière et choisir de vivre par la lumière. Rappelez-vous vos leçons de bambou ; si vous vous rendez aussi loin que vous le pouvez, vous découvrirez que vous pouvez toujours aller plus loin.

« Vous avez voyagé toute cette distance pour atteindre la sagesse, maintenant vous devez entreprendre le voyage pour vous trouver vous-même. Allez là où vos grands bonds vous mèneront. Saisissez votre pouvoir décisionnel à bras le corps pour réinventer résolument votre vie, puis suivez courageusement le cours de votre destinée. Peu importe où vous irez à partir d'ici, allez-y avec tout votre cœur en sachant que chaque fois que quelqu'un trouve sa propre voie, cela ouvre la voie à d'autres. Si vous saviez ce que je sais à propos du pouvoir des leçons apprises, vous ne laisseriez pas passer une autre journée sans partager cet enseignement d'une quelconque façon. Disséminez vos enseignements. »

« Avec tout notre être, nos voix retentiront de sagesse de manière que tout le monde le sache », dit Hodo.

« Ce que vous ferez aura plus de résonance que ce que vous dites, dit Ping. Voilà le vrai savoir de la sagesse. La grenouille sage ne se contente pas d'énoncer des paroles mais elle en fait ses principes de vie. Les actions les plus parfaites sont celles qui font écho aux rythmes de la nature. Dans sa vie, la grenouille est appelée à évoluer et à s'impliquer. En aidant les autres à changer leur vie, vous changerez la vôtre aussi.

« Donnez une signification à vos croyances, vivez parmi les autres et laissez-les apprendre de vous, en commençant par ce qu'ils savent déjà et en partant de ce qu'ils ont. Soyez la différence qui fait la différence. »

Hodo commença presque à pleurer de gratitude. Daikon se mit directement face à Ping. Des larmes masquaient ses yeux. Il dit : « Merci d'avoir éclairé l'ouverture du possible pour nous — de nous avoir montré la vérité de ce que nous pouvons faire de notre vie. »

Ping regarda ses camarades grenouilles. « Je ne peux pas vous montrer la vérité, seulement la voie vers la vérité. Suivez votre bonheur avec le cœur plein. Le but de la vie est de vivre avec un but. Voilà la véritable joie : consacrer sa vie à un but reconnu par soi-même comme étant puissant. Les années peuvent ratatiner la peau d'une grenouille, mais vivre sans but, eh bien, cela ratatine l'âme. Toujours et pour toujours, n'abandonnez jamais l'émerveillement ni votre capacité de donner libre cours à vos croyances. »

Le salut soudain de l'illumination engloba Daikon et Hodo. Un sentiment étrange inonda leur cœur. Au début ils ne savaient trop quoi dire. Puis, une tranquillité bénie s'empara d'eux et ils furent saisis par la plus étonnante des réalisations :

Ils ne sentaient aucun besoin de dire quoi que ce soit.

Inutile de croasser « Je vois... je vois », car pour la toute première fois c'était effectivement vrai.

Un silence prodigieux.

Daikon et Hodo attrapèrent quelques rayons de soleil, tâtèrent le ciel et se lorgnèrent l'un l'autre, leurs têtes remplies de bien des choses mais surtout

de pensées de leur étang natal et des amies grenouilles adorées qui les attendaient. Si seulement...

Ping observa toute la scène. Ses yeux mi-clos
regardèrent au loin vers l'horizon parfait. « Je peux
vous conduire au ravin rocheux qui mène au Grand
Océan si c'est toujours là où vous voulez aller », dit
Ping bien qu'il sût leurs intentions.

Daikon tâta son collier, saisit la pierre en pendentif à deux mains avec une douce force. Il réflé-
chit, échangea un regard avec Hodo, puis hocha
doucement la tête avant de dire ceci : « Nous avons
déjà été là où nous souhaitions aller. Hodo et moi
allons rentrer chez nous, à notre étang. Nous avons
des promesses à tenir et un voyage à raconter. »

Le sourire de Ping n'avait jamais été si évident :
« Tout commencement a une fin, et toute fin un
commencement. Je vous souhaite la joie. »

Et tandis que Daikon et Hodo contemplaient le
monde accueillant et plus vaste dont ils connais-
saient désormais l'existence, ils méditèrent simplement ceci : un voyage peut changer la façon dont
nous concevons l'existence ou la façon dont nous
vivons l'existence.

D'une façon ou d'une autre, ils avaient très hâte de s'y mettre.

*Le but de la vie est de vivre avec un but.*

# Remerciements

Dans le monde des contes, personne ne sera étonné d'apprendre qu'il y a toujours une pénurie de bonnes histoires, des histoires qui touchent l'oreille et le cœur, le genre d'histoire qui nous incite à vouloir croire au pouvoir indéfinissable du possible. Parfois, l'illumination se fait rapidement. En vérité, le fait de découvrir l'histoire de Ping enfouie dans un imaginaire si ancien voilé de mystère n'aurait pas été possible sans ceux qui ont partagé avec moi la magie de leurs propres histoires. Remerciements et saluts à tous de m'avoir gardé une place près du feu de camp : à Machiko, pour son travail d'artiste féerique qui ramène Ping à la surface ; à Heidi Sachner, pour ses sages conseils ; à Harry Burton, Frank DeMaio et Paul Sugarman, pour avoir transposé l'étang à la rue. À Roberto de Vicq de Cumptich, Andrea Au, Tom Peters, Guy Kawasaki, Seth Godin et

Cheryl Richardson. À Greg Horn, pour avoir fait une différence, Zhena Muzyka, Gerard Linsmeier, Robbin McCool, Jim Gollhofer, Norm George, Tracy Stern, Barry Cooper, Paul Grabke, Erik Lukas, Ben Heins, Kurt Dommermuth, Mike Busch et Bob Oden. Enfin et surtout à Esther Margolis, pour avoir toujours été là pour moi et pour avoir pris le temps de me convaincre que j'avais de l'encre dans les veines. J'étais alors, je suis maintenant et je serai toujours reconnaissant.

# Table des matières

Achevé d'imprimer au Canada
sur papier Enviro 100% recyclé
sur les presses de Marquis imprimeur inc.

100%